AF497985

DECLARATION
DES SIGNES

MERVEILLEVX ET ESPOV-

nentables qui se sont apparuz & mõ-
strez au pays de Saxe, au
moys de May.

Auec plusieurs & diuerses Cometes qui sont
fort horribles à ouir racom ter, selon
l'effect de leur figure &
monstrance.

Mis par ordre par Maistre Iacques de Courlés Italien.

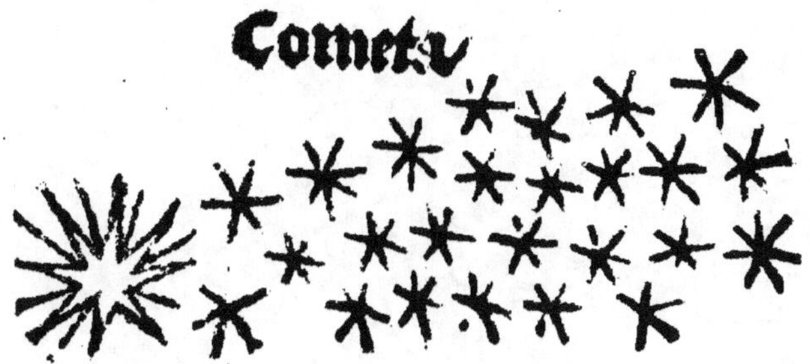

A PARIS,

En la rue S. Iacques, à l'Elephant.

1564.

Au Lecteur, Salut.

Es amys si les hommes estoient autres que iamais ne furent, laissant à
part la philosophie, & que ce peut
causer la corruption & alteration des
quatre elemens (touchant les choses
merueilleuses qu'en ce petit traicté sont comprin
ses & mis par ordre, à la verité plus proche que fai
re s'est peu) ie pourrois croire & dire que ce fusset
mensonges & faules, mais quand ie considere l'v
niuerselle corruption du monde ie suis estonné
que l'ire de Dieu ayt tant retardé à descendre sur
nous, non pas que ie m'esmerueille que par les signes cy dessus nommez, il commence à menacer
l'ypocrisie du monde, lequel peché ie mets en a-
uant comme abysme & pere de tous les autres, ain
si tous pechez (voire les plus grans) sont voylez
& fardez, soit par habit, ou par parolles, d'vne a-
mour & bonté dissimulee. Ainsi est trompé le bon
pere de la caresse de son filz, la mere de sa fille, le
mary de sa femme, l'amy de son amy, le maistre de
son seruiteur, & Dieu le seroit de tous les hommes
si n'estoit la pitié & misericorde qu'il a de nous.
Nonobstant toutes les pauuretez qui gisent en
nous, ie n'ay voulu laisser d'escrire ceque lon a veu

en Vimart, ville de Saxe, au mois de May, vne e-
ſtoille grande comme vne Lune, ou à l'entour d'i-
celle y en auoit de pluſieurs ſortes, moyennes &
petites, enuironnees de feu, puis en apres fuſt ouy
& entendu, enuiron ſur les cinq heures du ſoir,
vne voix fort eſpouuentable cryant comme en vn
tonnerre, diſant à haulte voix, habitans de la terre
conuertiſſez vous, car voz derniers iours appro-
chent, apres ceſte voix paſſee ſont apparuz en l'air
trois grandz arcz noirs, troubles & horribles, puis
toſt apres s'eſt veu le Ciel ouuert vomiſſant feu en
treſgrande abondance qui a bruſlé pluſieurs Cha-
ſteaux, & gaſté la pluſpart des biens de la terre.
Dauantage quelque eſpace de temps apres vne
telle foudre & tempeſte a couru par pays, que pluſieurs baſtimens ont eſtez tranſportez de lieu en
autre, en l'eſpace d'vne nuict, puis en vn autre
coup la Terre s'eſt ouuerte, & a iecté grande quã-
tité de ſang, auec pluſieurs autres prodiges qui ſe
ſont apparuz (dont la forme eſt cy demonſtree
par hiſtoire au derriere de ceſte matiere) ou ſe mõ-
ſtroit vne main ayant deux doigtz dreſſez qui me-
naſſoit fort la terre de beaucoup de maux comme
de peſte, guerre, & famine, & pluſieurs autres grã-
des partialitez qui pour ceſte heure ne ſeront mis
en auant, craignant que pluſieurs perſonnes ignares
(qui ne ſcauent quelle eſt la puiſſance de Dieu
& de nature, & ne voyét que les pechez des hommes ſont telz que Dieu ne les peut endurer plus
longuement) ne s'en mocquét, diſant que ce ſont

fables ce qu'ilz ne diront paraduenture pas d'icy
à quelque temps. Et par ce quant aux signes & cometes si horribles, ie dis que ce signifie tost ou tard
vn pernicieux aduenement des Turcz, ou l'Empi-
re au Roy nostre Sire, & par conclusion (comme
ce soit) que le fleau de Dieu est esbranlé pour fra-
per le monde, non moins opiniastre & endurcy en
ses pechez, qui est la cause pourquoy la voix a esté
ouye au pays de Saxe, que nous lisons de Pharaon,
au deuant duquel Dieu enuoya semblables prodi
ges desquelz exemples trouuerez de vous mesme
pleine la bible, quant à la voix qui a esté ouye par
dela, pourrez veoir comme du temps que Iunius
Brutus, & Collatinus estoient consulz à Romme,
vne semblable voix incongneue sortit de la forest
nommé Arsie, annoncant la grande occision qu'a
uoit esté faicte des Romains & Tuscans apres a-
uoir combatu ensemble. Durant le consulat de pu
blius volumnius, auec Sulpitius Camerinus, furét
pareillemét ouyes plusieurs horribles voix en l'air
& le feu tomba de la sus, comme il auoit ia faict au
trefois estans consulz Seruilius Priscus & Posthu-
mus Lauinius, & bien tost apres sensuyoit vne grá
de peste tát parmy les hommes que les bestes bru-
tes, le peuple se mutina contre la noblesse de Ró-
me, & les Romains bannis, enuiron quatre mille
prindrent par force le capitole, lequel ilz n'abau-
donnerent iamais sans grande effusion de sang,
tant d'vn costé que d'autre. Le tout par la volonté
de Dieu, lequel nous ayme tant que premier nous

perdre nous veut admonnester par ces moyens
qu'il est prest à nous punir en cas que ne
voulions changer de vie, &
nous amender.

F I N.

Figure des Estoilles differentes.

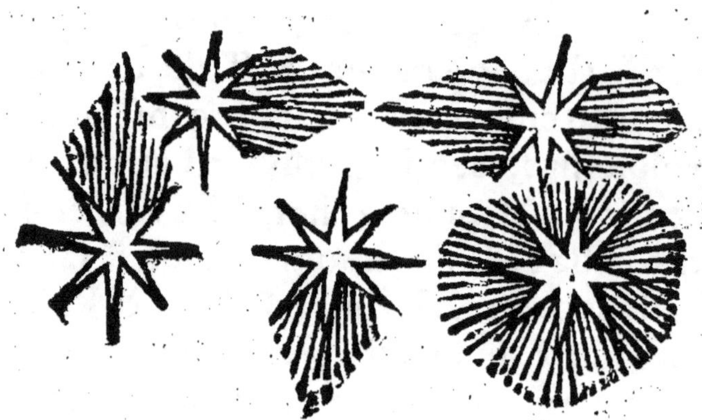

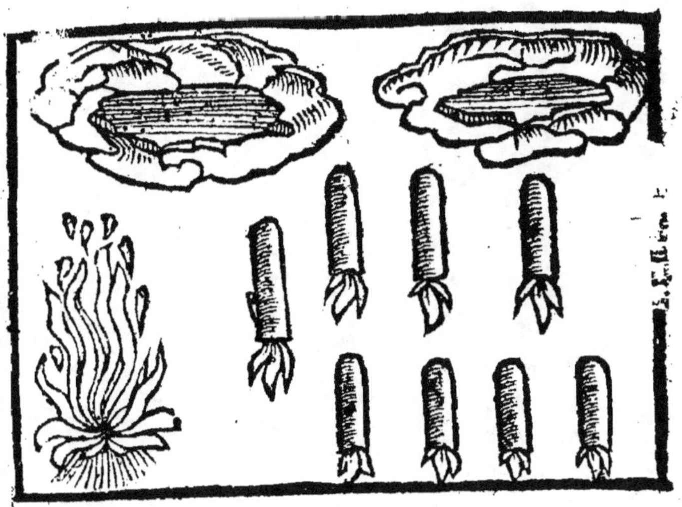